謹以此書

向那些與我朝夕相處，
或是擦身而過，
卻觸動我心靈深處的人，
致謝

文史哲詩叢之十五

情結

詩薇著

文史哲出版社印行

國立中央圖書館出版品預行編目資料

情結 / 詩薇著. -- 初版. -- 臺北市 : 文史哲
, 民84
面 ;　公分. -- (文史哲詩叢 ; 15)
ISBN 957-547-958-0(平裝)

851.486　　　　84004828

⑮ 文史哲詩叢

情結

著　者：詩　薇
出版者：文史哲出版社
登記證字號：行政院新聞局局版臺業字五三三七號
發行人：彭　正　雄
發行所：文史哲出版社
印刷者：文史哲出版社
台北市羅斯福路一段七十二巷四號
郵撥○五一二八八一二彭正雄帳戶
電話：三五一一○二八
實價新台幣二四○元
中華民國八十四年六月十三日初版

ISBN 957-547-958-0

千千世界盡是詩

·序詩薇的《情結》

文曉村

繼宋后穎《歲月的光環》，曾美玲《船歌》之後，詩薇的《情結》也要出版了；半年之內，葡萄園詩社有三位女詩人出版個人的詩集，不論在詩社之內，詩友之間，或不景氣的台灣詩壇，都應該是一件令人欣喜的美事。在出書之前，詩薇將已經打字完稿的樣稿寄給我，囑我寫序，我也欣然應諾。

女詩人詩薇，本名羅秀珍，廣東興寧人，一九四九年六月生於台灣省新竹縣，是外省籍詩人中，在台灣土生土長的第二代。自幼受父母薰陶，愛好詩詞，自民國七十年十二月在《葡萄園》詩刊七十六期發表〈戀歌〉、〈遇〉、〈吊鐘花〉三詩之後，便正式踏入詩壇，迄今，已有十五年的詩齡。十五年來，默默寫詩、發表，稀落的掌聲，往往被深沈的寂寞所壓抑，但衷情於詩的詩薇，卻毫不氣餒，不斷地開闊自己的視野，小千大千，千千世界，盡入情懷，拓展詩與生活的嶄新境界，令人稱讚、敬佩。

詩薇的詩，在發表時，大部份我都讀過。此次，仔細閱讀其結集的九十九首詩作的過程中，我發覺詩薇的詩，已從早期爲了造句的新奇而產生的生澀，而逐漸進入語言精緻曉暢的境地，進步的軌跡，斑斑可尋。

《情結》分三卷：卷一《念在親思》，卷二《愛在繾綣》，屬於親情、愛情的內在抒情；卷三《感在大千》，則是外在世界的觸發。在九十九首詩題中，詩題只有一個字的占二十九首，兩個字的四十五首，三或四個字的二十一首，五個字以上的只有四首，可見其用字的精煉謹慎。只是有些抽象觀念的單字題，如〈依〉、〈織〉、〈迴〉、〈焚〉、〈念〉、〈利〉、〈藏〉、〈合〉、〈歧〉、〈旋〉等，如果只看題，不看詩，很難瞭解其意義。必須先讀詩，回過頭來再看題，才能恍然大悟，明白命題的意思。茲以〈旋〉爲例，來看看詩人到底在說什麼。

曾發奇想
看花看雲看草
或以片刻空隙

借貓一對哲學醉眼看吾
及吾終日的自轉與週轉
然這分割下的零碎　亦
十分寶貴
可繕寫一篇公文
或刷亮一隻湯鍋
或答解一則植樹問題
或拾檢沙發下的一些玩具
（雖然一會兒後依然零亂）
由於無法躺成
一隻能席地而臥的貓
我實知曉
前世必爲獨腳陀螺
轆轆至今

這是〈旋〉的後半段。原來詩人是想借貓的哲學家眼睛，看她終日忙碌的生活，有如一隻「獨腳陀螺／轆轆至今」，不停地旋轉，把一位女性公務員兼家庭主婦和母親的生活，描繪得十分生動而逼真。「獨腳陀螺」的比喻，更是貼切而富情味。

《情結》中，寫情的作品特多，像〈許願〉中，「年過三十／以後皆是一枝蠋的秘密」，寓中年女子的寂寞，頗有「蠟燭垂淚到天明」的感傷。〈亂針繡〉的末段，「久久不曾深讀你的眼神／我的針線失色／錯繡你模糊的身影／在我撒滿問號的心湖」，以亂針繡的針線失色，描繪一位女子因長久看不到心愛的情人，心情撩亂，黯然神傷。亂針繡是表象，亦是暗喻。〈掌紋〉的開頭，「遊走的一條條掌紋／是我不能釋懷的心事」，以掌紋比喻心事，刻劃愛情的纏綿，難分難解。〈參〉的結尾，「一生的行程既定／一世的相思亦枉然／只是／那樣的蕭颯風過／那樣滴水穿石的雨後／怎還是一個『想』字盤據？」寫參而未透的相思苦，使人不由得會想起李清照〈聲聲慢〉中的句子：「梧桐更兼細雨，到黃昏點點滴滴，這次第，怎一個愁字了得。」其他〈藏〉、〈念〉、〈別〉、〈合〉等，都是寫情的佳篇。

詩薇也長於繪畫，她的詩中，也常常出現畫境，如〈春訊〉、〈蘆葦〉、〈芒草〉、〈蘭〉、〈三月木棉〉、〈點睛石〉等，詩中都有畫境。茲以另一首〈秋〉爲例，請讀者來看看詩人是如何著筆。

驚聞
蘆葦的歌
自　塔後冷僻的角落
傳來
隨著梵唱
　　此起
　　　　彼落

天際
有西風路過
這唱白了青絲的心顫

怎也按捺不住
便　點點染向
遠方

第一段以「驚聞蘆葦的歌，自塔後冷僻的角落傳來，隨著梵唱此起彼落」，是從聽覺側面寫秋，並繪出以塔爲中心的次畫面。第二段以「天際有西風路過，這唱白了青絲的心顫，怎也按捺不住，便點點染向遠方」，轉爲從視覺正面描繪秋景，一大片白色的蘆葦，呈現在畫幅中央，構成主畫。「唱白了青絲的心顫」，則是一語雙關，既寫秋又喻人：「點點染向遠方」句，也是按捺不住的，遊子思鄉的情懷。這種以聽覺視覺，明寫暗喻等多種手法，在一首詩中運用自如，實在是很高明的寫作技巧。

同樣的題材，表現方法不同的，還有〈西風〉和〈風之歌〉。下面先看〈西風〉：

他說

他曾來過
微服出巡地
拂過樹梢攬過花
依過窗櫺穿過堂
而這些
樹不知花不知窗不知連我
竟也不知

如今，他再來過
掃花捲葉
拍窗叩門
硬把乾澀的吻痕
拓印在我不設防的肌膚上
說
他來過

這首詩的妙趣，在於詩人採用感覺的手法，來表現〈西風〉（亦即秋風）漸次降臨人間的情形——初時，好像微服出巡的官員悄然來臨，雖然他「拂過樹梢攬過花／依過窗櫺穿過堂」，樹木花草和人們，誰也不曾感受到他的來臨；直到他「掃花捲葉／拍窗叩門」，把乾澀的吻痕，印在人類的肌膚上，這個麻木的世界，才不得不承認「他來過」。

〈風之歌〉另具風貌：

風　在編歌的樹梢
風　在唱歌的葉裡
以一種低迴游離的行走
收集著縫隙間變調的和弦

在木麻黃的髮絲間梳洗出一綹綹長嘆
在菩提葉的悟道中搖晃出千萬張博浪彭

當松針被挑逗起一聲聲口哨
芭蕉則殷勤招喚著一扇扇的叫賣

當那些高高低低的音符
長長短短的節奏
在風的心裡掀翻推攪
誰　能在衆芸中
還我一聲清唱

風是大自然的歌者，但在這首意象豐繁，詞句優雅，兼具繪畫色彩和音樂美感的作品，前面兩段，却並非詩人想要表現的主題；眞正的題意，則是結尾的詰問：「誰　能在衆芸中／還我一聲清唱」？這所謂「清唱」，應是大自然的幽谷之音，和那種夾雜著「長嘆」、「博浪鼓」、「口哨」、「叫賣」的聲音，是完全不同的。

這個集子的佳作很多，不再一一舉例。

在本文執筆之時，聽說詩薇近期將有返鄉探親之行，《情結》詩集是一本可以隨身攜帶的禮物，但願她也能爲兩岸文學交流，盡一份詩心。

一九九五年六月五日於中和半山居

情結 目錄

卷二　愛在繾綣

卷三 感在大千

卷一　念在親恩

「一思一啄
不在面之廣闊
總教針針深入歷史穴道……」

春暉

春日的朝陽
像暖暖的棉絮
溫柔而纖長
我收集它
編了張細緻的網披在身上
卻密不過
母親那牽腸又掛肚
絲絲透著慈愛的目光

七十一．四．定稿

母親的最愛

咬

哎！親親
別咬
誰教你拿機伶伶的小牙兒
啃得我肩頭紫又青？
可是，親親
只要你高興
就算我疼也祇好忍

哎！親親
別咬

咱們面對面地這樣近
怎防得你有這絕招
咬得我鼻頭火辣你還笑
可是，親親
只要是你真開心
我那鼻尖紅紅也不打緊

哎哎！親親快鬆口！
脖子那皮可磨不得
你可真是會裝佯
摟我香我逶這樣地算計我
看我不叫爸爸來
擰你的小嘴
打你的屁股

看你還牙癢不牙癢

註：七十三年八月二十二日生小兒憶
及大女兒小時長牙情景

我女若梅

旅程

怎能祇是褐色的一坯土
怎能祇是這些花果香燭
就斬斷黑天白日
就忍痛揮別此生
再也不哀哀怨怨
嘻笑怒罵
或是嗔痴愛恨
七十二個年頭啊
扳起手指
還得數上大半天哪

怎能甘心
媽媽
您怎能這樣了絕殘生？

難不知
一場富貴一片雲
一抹酸辛一撮灰
卻偏是
和苦爲泥堆砌歲月
調灰作彩補畫人生
等待是一隻啃骨吮血的野獸
把希望攫捕在利齒中嚙嚼
生而來　曾

是您無力拒絕的歲月
死而去
卻堅持採用您的抉擇
勇氣不曾在您病體滋長
任性卻服侍您到黃泉
心扉日夜纏打的繩結
怎是恁地不堪解？

我伏地拜下　向
這擁抱您的褐色墓穴
不論生時愛恨怨憐
一鏟鏟蓋土皆如補情天
且將那疼痛的思念留下
化成涓滴心頭的蝕魂水

融我日夜不寐的神智於分秒
化我焦燥不寧的軀殼於無形
然而 媽媽
您 果真這樣便走了嗎？

七十五．六．十七初稿
七十五．九．十三定稿

七期

第七個七
從子到寅
我啜吮酸苦的往事
睡睡醒醒
更兼
那一夜冷冷的簷滴
如淚水涔涔 浸染濕枕
這一抹料峭春寒的梅雨季
媽媽
您可夠暖？

我掰開流膿的創口
窺視潰爛的過去
是那麼一個豔陽張熾的中午
是那麼一個愛心洋溢的假日（註）
縱使心頭打遍無解結
但　媽媽
怎能如此心横下注
毫不留我考量時間
是輸？是贏？
您不再回手關心
這盤已失兵帥的棋局
祇是千里外哭喚親娘的吶喊
可能震醒您息止的耳膜？
母子連心啊　媽媽

青山不青柴已盡
四十年家園分離
多少傷痛
竟以生命恁地揮灑
是哈雷的彗尾掃的禍嗎？
抑或病體的疼痛
磨滅了您脆弱的鬥志？
就這樣　不明不白
強噎一腔無情的親情
驟然閉上雙眼
真箇是相見爭如不見？
媽媽
不甘心啊
您怎能就此甘休

豪飲絕命湯
是您的膽勇
是我的痛傷
那「不忍拖累」的話語
壓我以千古難贖的罪愧
那欲語不言的嘴角
必是吞食多少恨
媽媽
您那急促的腳步
爲何不肯等我一等？
冰冷的臂膀
爲何不再候我扶您一程
行得顛躓蹣跚

走得萬般遺憾

第七個七
獻上馨香
我啜吮頻旁辛淚
由子到寅
冷冷寒寒的清晨
媽媽
您穿著的衣衫
可還夠暖？

註：七十五年四月十三星期日那天，我與認養的孩童在愛心園遊會上見面，不想一回到家即遭此變。

山高路長

水

美不美哪
鄉中水
與那汩自凝神遠眺的清淚
漱漱和下
遂嗆滿腹濃冽的心事
成漫山瀝灑的鵑血

或
以乾裂的焦唇等候
等候來自西方的天上水
思親的歲月

怨尤恨深
辛澀苦寒
是口望斷肝腸的鄉中水

七十五．五．二十二初稿
七十五．八．三十定稿
註：親人幾經輾轉，托人帶來家鄉水
所釀成的酒，特以誌之。

因循

像一球暗紅色的針插
我的心
緊弓　呈那番姿態

想您
在俗務相疊的縫隙
念頭乃悵然從前種種
一思一啄
不在面之廣闊
總教針針深入歷史穴道

倏然驚起
您　及諸端萬般
中　有我
那自小而大的身影
故爲圖
一番痛極後的舒暢
我讓我的心
是針插

七十六．一．　初稿
後記：三十幾年來一直與母親生活在一起，母親仙逝後，日子裏依然鮮活她的身影。

情傷

把一波波喟然
合入精裝的濤聲中
將一頁頁長嘆
夾入毛邊的相簿裡
多少次　珠江
在回憶的思潮下
滾滾直噎飽嚐鄉愁的喉頭
於是
醮些雜碎的陳年往事
淋點磨漿榨汁的親情

把那年別夕
重新嚐過
彷彿還該有著什麼
啊！且住！
什麼重要的話語曾經斷腸過！
是怕老了？
瘦了？
還是認不得了？
熟諗那些相思詞　哥哥的以及
媽媽的
只是　如何改譜一齣「相見歡」
是我今生遺憾的問號

七十六．十．二十一定稿

鄉愁

誰說年少
不興鄉愁
娘娘心香路
牽繫萬里煙波外

誰說年少
不興鄉愁
夜夜淨拾綴
父親箱藏書壓的嘆息
母親經年散落的珠淚

且循且行
覓向哥哥的童年
姐姐的笑靨
在毛邊變色的散頁相簿中
展現

誰說年少
不興鄉愁
夜夜欲商借
銀河萬里跫音
踏遍千家共此月

七十七．六．定稿

卷二 愛在繾綣

「啊！弦
可不能輕彈
它是結裡
深埋的春天
．．．」

戀歌

就把短歌當作長詩來吟哦吧，
那一遍遍囈語般的傳送，
不就在南風裏
層浪翻逐的椰影中重現？
亙古現今，
無論粗鈍魯莽，亦或溫柔含蓄，
眸底星光的觸撞，
不都迸出同等耀眼的火花？
我們就把那短歌反覆來吟唱吧，

雖然你的歌，不盡然是我的調，
且將你的低音
升高些　把我的
高音　降低點，
又有何妨？
直到那個年華老去，
雙目昏黃，聲帶啞然，
而歌
還是要唱，
宛如頻頻細數的「紅豆詞」
由古唱到今。

七十・六・十一・初稿
七十・九・二十・定稿

遇

結識你
彷彿才是心跳的啓始，
縱然每一朵花開，每一聲鳥鳴，
都不全是爲了我們，
但，那搜尋眼光的彼此撞擊，
不正是
電光火石般剎那而永恆，
倏而
深埋在低垂的瞳中？
每相見一次，

便是預支生命中的奢求，
然而，落盡了階前花魂，
思念的程度，
仍如許光燦且清新，
比不得年少，
比不得春花秋月，
比不得心鏡碎成片片，
而，幻化成千千萬萬個
你！

七十．四．二十二．初稿
七十．九．二十二．定稿

時了

終有一天
你行經此門將成歷史
那些回眸與駐足
不再能是欣喜與折磨的疊現
當距離換作零時
無限大及無限小
皆壅塞於方寸之間
化作喟然
曾喧鬧於記憶裏的花色

已在案頭的孤獨下褪盡
早知如此（已然如此）
我又何苦將你的下弦
塗描成我的滿月
來盈盈期盼？
縱然如此
柳綠北風
也難舞與青松相持襯
埋首時
不再數聽落花的老故事
強說
那只是另一程默默的啓始

七十・十・十七・初稿
七十一・一・十二・定稿

送別

就因著你回頭深深的凝眸
一瞥之後
宇宙便歸諸於寂然了嗎？
凡
可以攜帶了的
都已密密細進了你的行囊嗎？
包括該你的
和那一星點兒不該你的．．．．
若然

就重來一次回眸吧
我將不再閃避
並凝聚瞳裏的黑洞
吸取那一瞥中的千萬流星
讓它們在我心內彼此激撞。

七十．六．二十五．初稿
七十．七．二十九．定稿

依

我在長街的這端，
你在那頭，
有棵蒽鬱的柏樹，在我窗前，
有排茂密的矮叢，在你後院，
於是
隔了窗，隔了樹；
隔了籬，隔了門；
我在窗這兒望你，
你在門後邊想我。

我在馬路的這端，
你在那頭，
滿懷祈冀地遍植碧草，在我窗下，
振翅欲飛的蝴蝶蘭朵，在你門前，
於是
隔著花，隔著草；
隔著窗，隔著門；
我覺著了你的心，
你也悟出了我的，
就好像
芳草通年的綠，爲擁托住花，
蝶花佇足不飛，爲根植於草。

七十·六·十一·初稿
七十一·四·十三·定稿

曾經

倘若
我真是你
千度記憶裏唯一的　停頓
卻爲何
不能將你游離的眼光
細紮成束
專注於我？

若說
我真箇是你

青石心版上深銘鐫刻的 永恆
卻爲何
不能把你飛越漣漪外的聽覺
——收回
而細聆我底喁語？
爲什麼所有的言語之於我
都那樣真又那樣深？
而巧言之後啊
竟又是椎心的淡然且不耐？
憶及微醉後的酒言
亦或正午時分的豪語
你能說
那一句不都是你釀蜜之舌的傾吐？

七十．八．十四於台北觀畫展後初稿
七十一．四．二十．定稿

織

我早該了解
織女已不再織夢
自牛郎踏笛聲遠去
她織世紀　織洪荒
怎奈梭底留藏了清淚一滴
低嘆一聲
恁個無情雲海
卻有了相思微波
因此
那些積塞於天倉裡的

人間次第更換的
歲月
亦是
代代相傳
人人共與的有情天

七十一．一．十一　初稿
七十一．二．二　定稿

星光也許溫柔

那夜
星光也許溫柔
羞澀與猜忌
不再充斥離人的情懷
從不曾這般易感且無助
誰還能細理箇中思維
由它亂麻如織　如棄

真否
今生祇此一次？

揮淚也僅此一次？
星子的迷路也就此一次？
然　心靈的悸動
竟作同步的騰躍和密合

那夜
星光也許溫柔
正適於近你
正適於依你
正適於吻你

七十一.四.二十.初稿
七十一.九.十.定稿

琴・結

把絲線穗兒收個緊
教它縛綁一樁塵封往事
後人說
這是一只結
一枚古時敘事的表記
而 那樣地盤盤繞繞
穿穿梭梭
的糾纏
緊繫著的豈僅琴弦之上？
啊！弦

可不能輕彈
它是結裡
深埋的春天

七十一．五．七．初稿
七十二．一．十．定稿

立秋過後

不曾或忘已立秋過後
然這春風柔
卻來自你眸

曾誓言
那張熟讀的臉龐
應自記憶中淡去
心上的剪影
亦該隨歲月流洗而模糊
如此

我怎能再以傾覆的爵
盛裝重逢時的心悸與不安？

一個不是偶然的相聚
一個不是恣意的凝眸
仍記花色濃
　春風柔
你的眼波　亦朦朧

七十一．八．三十一．初稿
七十二．四．十四．　定稿

八行詩

我將影子剝落
貼附於寫你的詩行
如此　便
可覩你的眉
可讀你的眼
可收集你瞳底些微不屑的流盼
和
眉後隱約不落痕跡的自得

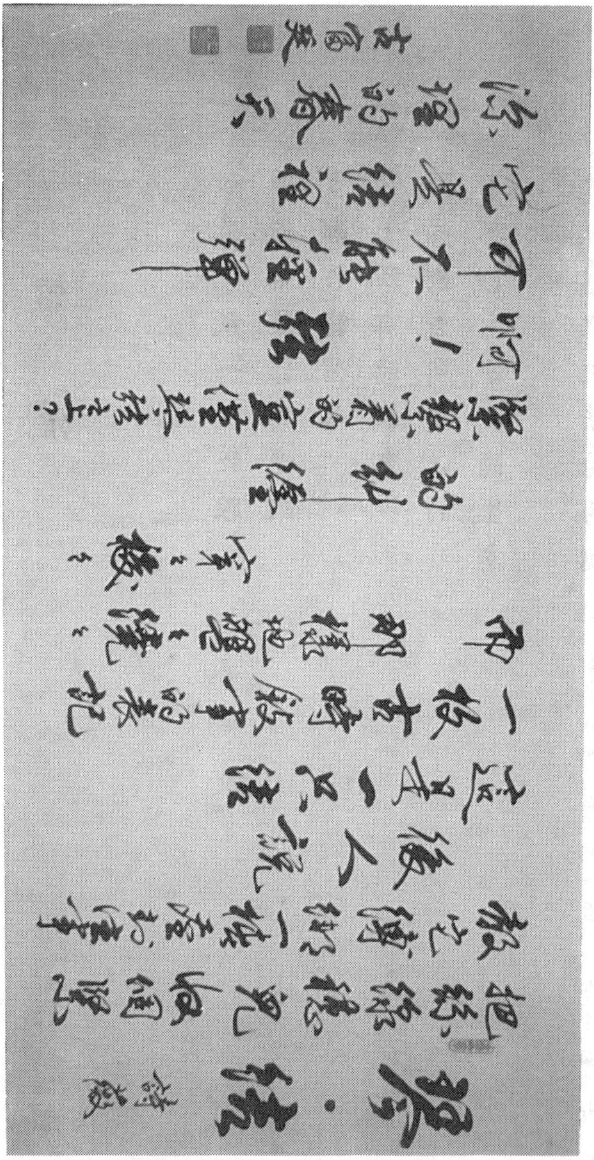

古富廷先生書法

電流

如果祇一個眨眼
便能索驥你的迷蹤
我願長睫閉起
閉上所有的訊息
那些出去與進入的
不可再主宰我的生息

嘗如電線絞斷的兩端
你是你仍依搭於強電輸運的電桿上
兀自搖盪著斷續的火花

我是我無電子奔流的導體
爲乾枝枯椏上的唯一配飾
那相連過電的日子
曾寫下生命中的驚顫與喜悅
而眉間瞳後的反覆猜疑
撕剝掉層層包裹的矯飾
由是
理應炙熱
理應火花迸烈
理應裸出赤銅的心共焚
然後
便該以此種形勢相對
不再眨眼
不再迷惑

七十一.十二.二.初稿
七十二.四.十二.定稿

種

終日
由黎明砌疊起藍天
塊壘於黃昏
密合在星夜的
倒枕之後
我的思緒與肌理
遂各覓息止

而倦極的唇縫
竟無知地迸裂出

一個深埋的名字

驚顫　發自心底
並傳掠至每根神經的末梢
由而
千夫所指　肇禍的舌
引而追溯到腦
竟有一粒頑強的細胞
自命　屬
你

七十二．三．十一．初稿
七十二．四．十二．定稿

問

怎釋不變？
難道是事物的塵封凝凍！
何謂永恆？
難道是電光火石的讀秒剎那！
當曝晒的季節離得老遠
這淅瀝梅子雨
就點點溼上心頭
揮不開簷角勾掛的雲朵　沉沉
啊！
就掌起燈來把舊夢重尋

拂不盡箱上鏤花的塵埃已厚
匙已銹
忍教不復當年纖指
摩娑起衣褶裏醉藏的春天
憶及
那樣的眸光振振
那樣的眼波橫陳
那樣鮮翠的年華欲滴
不都在青衫裏浪漫迴旋？
那些亙古的詩篇
那些銘心的相思
那些髮際散發著微酸的日子
不都在黃昏裏共燃起燒天的晚霞？

罷！罷！
且將歲月紋刻
且將記憶掩起
不再尋求千百個不變
千百個昨天

七十一．六．十七．初稿
七十二．四．十二．定稿

山中無歲月

擬昭君怨

東方
仍是那初昇星子的燦然
而人已非
非舊昔

曾以一股腦的純摯相托
付於輕叩玉門的東風
而城外
塵沙飛揚夜涼如
冰

凝住三月的絮柳飛花

別去三千里
寸寸皆相思
念　回程的時日總無度
緊攬琵琶
不教胡音染舊弦

七十二．十．十八．初稿
七十二．十一．五．定稿

守候

把青絲漂洗成白髮
將絢麗篩落成黯淡
以莫名的執著
砌疊時刻
成一種最最藝術的自虐

每在企盼焚爲灰燼
而飛揚之前
心總嘶喊：
「我早知道！」

可是
記憶怎就如此健忘
捱過了地老
又盼向天荒

七十二．三．二十．初稿
七十二．十一．五．定稿

參（ㄘㄢ）

試學禪坐如是
不再拿雙眼來遙盼
了悟　猶似
青過　黃過　落息於草叢的葉卷
夫復何求豔眩的青春
畢竟曾經有過

那秒秒期待相對的渴望
已燃歷史成灰燼
想著不見面的日子就是雨晦

心倉裡的霉濕早已積抵門楣
曾經相距似飛躍的銀河
而心卻無垠地線牽
現今咫尺
那緣祇於剎那光燦中閃逝

一生的行程既定
一世的相思亦枉然
只是
那樣的蕭颯風過
那樣滴水穿石的雨後
怎還是一個「想」字盤據？

七十一．七．二十六．初稿
七十二．六．十一．定稿

煉

在
火炙千度的激情　之後
相對
怎可如此坦蕩？
以一份戲劇性底漠然
淡視一切
甚至蒙染瞳眸深處？
或可延伸爲
將萬點星火的喧鬧
歸諸於岑寂

是世事飽經滄歷後
一種成熟的冷眼

七十二．七．五．初稿
七十二．九．七．定稿

渡

合著
我們是共渡三千弱水的
那葉扁舟
舟上僅乘的兩人

你
取瓢盛水
當酒
遂飲成醉我的春天

七十二．七．二十五．初稿
七十三．二．十．定稿

渡

眩

與你相聚的日子
無詩；
與你歡笑的時辰
無詩；
與你凝眸的分秒
無詩；
與你話別的一剎
無——詩。

衹
曾想回首
而回首諸多不堪與
於是
長長的走道踏響
踏響辮辮碎落的心語
迴腸

七十二・六・定稿

春天

給我一個春天
請
柔柔地　以你
溼熱的吻痕
印證
它可以邁越所有酷冷的嚴冬

給我一個春天
請　將
深視凝眸的眼　爲我

訂注無盡的刪節號
一直啣接冥冥來生

七十三．四．二十七．定稿

水仙

想
億萬個春秋 寒暑
在水湄
凝望佇立
於是
一份曠古的相思
一份無言的愛慕
一份
心燃燒著心的
坦然

便可以誓守終生

七十三．五．二十九．定稿

迴

你層層疊現的幻影
是我不滅的相思
該如何
如何超渡這火浴後的灰燼
成灑脱
成一種恬然的笑意
供以巧飾唇角的彎弧
和低垂的睫瞼？
可以訴説的已不再需言語

無須解剖
無須示心
更無須冥想再度
那千年以來的輕嘆
何曾止息？
人們總作生澀的排練
忘情地演出瀝血嘔心的一幕
既是不能空白那相遇的史實
遂將你
一再閃現的身影
幻成我不寐的相思

七十四．四．三十．定稿

焚情

我必得以灰燼拭洗
一些輕輕的嘆息及淚痕
一些不再我屬的眸光
和深深掩藏的記憶

而　他日
這椿椿老故事又將
燃點熊熊烈火至灰燼
爲另一個
因情試煉的人

七十三・六・定稿

念

想你的時候
春天總是變得很短暫
相思
迤邐成一線長長的崎嶇路
我在線上
是一枚不駐足的點
把那叫做「空白」的石子
踢的遠遠

七十四．七．三十．定稿

掌紋

遊走的一條條掌紋
是我不能釋懷的心事
它標示
歲月中的某時日
我必與你相逢
且毋庸置疑
曾將它當是術士戲言
　又不禁推敲連連
每每總在月亮升起之後
琢磨那日間相對的容顏

當我不耐並高聲否定
你一旁傾聽無語
我嘲笑那江湖鐵口
錯把宿命草草談論

撤除所有的藩籬馬拒
弗再記掛眼眸心際
不設防的我們閒扯
不自知地我倆互纏
在周身難以動彈　之後
猛才驚覺
掌紋是我前世刻下的相思
那樣深深
永世不滅

離

你走的時候
　葉競飄零
　　葉盡飄零
嚴冬織就的霜衣
既重且寒
漸行漸遠的跫音
步步檢測心弦的韌度
驀回首
強把笑意相贈
欲將來日三百六十個春
迤邐成長長一世記憶

藏

我的詩
寫在眉上
以一種細緻的婉約
詮釋奔躍竄流底血脈
而
微微挺起的蠶頭之下啊
愛！
那兒正深伏著一個你

七十四．十二．定稿

水歌

我留下長長的鳳眼
於水波
那樣
便可換得你世紀垂青
和
圈圈銘心的吻痕
或許我
　還可以吟唱更爲古意的一些水聲
以娉婷你纖質楚楚
柔軔三千

而無論煙籠霧迴
亦或　蜂圍蝶繞
我仍經年不變
在此
爲你映綠一樹好春

七十四．十．定稿

心之星

今夜
星光怎地如此亮麗
我舉手齊眉
分劈著徐徐飄落的雨點
望你
以些許迴避的遲疑

曾經熟稔的眼神
自何時冷卻下來？
是暫停的試練

還是就此開始遠颺的初航？
就這般
遺我冷冷冷
冷冷的一番不能自拔　而
重將往事讀過

由是
今晚看星
合該利利銳銳地陌生！
合該利利銳銳地岑寂！
合該利利銳銳地遺忘！

七十四．十一．十五定稿

記事

不是所有的春天
都值得細理收藏
獨此一季
年輪在心路上軋壓
深深輾印不滅的迴響

不是一總的夏日皆是
揮汗與浮燥的組合
而唯今夏
那盞瑩瑩星火

在眸與眸間滋長
把上溯千年下順無盡的故事
傳遞與呼應

不是所有的情戀
都可以拿口信傳
一些細細瑣瑣的疼憐

嘗如東風微柔
竟將封凍而焦烈的心啊
摩娑熨貼

七十五·二·十五定稿

心情

星子祇能
無言地燃燒　以
閃爍

蛺蝶亦祇能
瘋狂地旋舞　以
彩翅

而我
焚情　以

大烏光束的焦點
對準瞳眸

七十六・三・定稿

花事

並非
我漠視你孤獨的徘徊
你的心情
我不忍細讀

也許
真該挽住春的吧？
如果能夠　就
從頭
把那場婉約蝶影底

璀燦　琢磨透
般紅翠綠的色彩
快意地潑寫夠
復以肆意的狂草
浪漫成灑灑然之上下款
我的吻　便深深炙落
如一方硃砂
爲鮮活你今生今世之印記
然
並非我忒意冷淡　你
頻頻回首的跫音
祇是——
　春光已沓！

七十六．十一．二十六．定稿

別

之一

可是你將茫然留下
分離才形如此不堪
揮手不是我慣用的模式
沉默亦非傳統沿用的表達
曾　極力將呼吸調勻
卻　禁不了眼內世界逐漸扭曲
唯將視線展向遠方
對你

我是否祇能無視而心底輕喚：
此去珍重

之二

還能榨出一些祝福的字句
掏自我那枯竭的心井嗎？
還能擠出丁點可掬的微笑
妝點我黯然的眉梢嗎？
時間不曾或止
止於面對面的剎那
時間應自你邁步離我而止
止於窒息的不回首
欲拋卻世間千篇離情

自許淡然
誰知夜來闔眼
又現一場漸行漸遠的背影
朦朧

七十八．十．定稿

林花謝了，春亦深……

釋

欲將那年揮霍的歲月
自風中樹梢拾撿
絲絲片片
泌染透支的歡愉與淚珠
如今
我已遺忘悲喜的滋味
相見亦或別離
不再激起枯井的漣漪
曾把那年夾壓的花色

自塵封記憶清點
春嬌秋嘆
繽紛一生的憐愛與輕愁
如今
我已無視情緒的消長
陽剛抑或陰柔
已在生活中融成太極

七十九．一．定稿

亂針繡

許是久久
久久不曾深讀你的眼神
遂當
春花繁華
秋月冷清的節氣掠過
我那誠如薄冰的心湖
竟能默然無視？
無視每一滴露珠的凝翠
每一枝蓓蕾的暈紅
更無視那

在西風中裏捲的黃葉
以及籬邊招搖的白荻
並非不曾試著
把記憶中的湖光山色
織成一片刻意的偶然
將相依的甜蜜
駐留在錦燦的亂針中
可是啊
真的久久
久久不曾深讀你的眼神
我的針線失色
錯繡你模糊的身影
在我撒滿問號的心湖

七十九・一・定稿

戀

想成爲你
糾糾纏纏的疼愛
一如那窗櫺上攀爬的藤蔓
每卷溫柔的觸鬚
在在伸張忒意的回眸

想成爲你
縈縈繞繞的相思
牽絆那四方流浪的步履
當每個煙圈騰起

總輕輕套住翩翩的身影

當所有的想望
皆隨彩虹飛去
而我　則
僅僅想成爲你
暫憩肩頭的一枚黃葉
當西風徐徐吹過
我將落地的輕嘆
填補你夢鄉的留白

七十九．五．定稿

花戀蝶

總是來來去去
讓人牽掛每一場聚首
總是分分合合
教人迷惑每一句誓言
遲疑是我的心情
你從不過問
流浪是你的決定
我無從追隨
當朝露閃爍著清亮的回眸時
在我忒意的擁抱中

你整理出發的思緒
只怕　那彩翼
滿載千里風情歸來
我的等待
已成
一朵墜落的殘顏

八十一．一．　定稿

慕情

你 將疏疏落落的思念
不經意的
彈向
我那切切期待的心湖

而我
在薄如蟬翼的誓言中
安於你小小的施捨
安於宿命

八十一.七.定稿

合

把你的名字
與思念同煮
加千斤烏梅
配百斗黃蓮
投入無邊無底的古甕
進行著亙古熬煉
管那世紀的變遷
是否　以某種級數進行？
而堅信
所謂泡沫

終將必成膩密濃汁
如膠似漆
等　一個混沌初開
候　一個洪荒闢立
裡邊將有個
活脫脫的你　和
永不變形的我

八十二．四．　定稿

柳問

誰能深讀你的神髓
誰又認真
思考你的徘徊

在飛揚時
羈絆一些留連
在愉悅中
滲沁幾絲陰鬱
在沖激裡
擁攬四方慵惓

還是在那
長長的倚風招搖後
哄得浪蝶醉舞其間？
如是　低迴臨水鏡
叩得滿池輕問
圈圈漣漪
　可曾換得
昨日新綠的英姿？

八十二・五・十七・華副

峙

深深
深深地射我一雙飛箭的瞳眸
夾持電光石火
穿越時空障礙
直闖心靈禁地
強將那血跡 鏽蝕入骨

深深
深深地釀你一罈眩惑的酒渦
可以盛夢划舟

可以埋星塚月
可以旋落此身
讓世間悲喜　傾覆入淵

就是如此深深
深深地以凝眸　記載著
對手地容顏
糾纏前世
預定來生

八十三.七.　定稿

藝廊驚豔

臨千山
涉萬水
讀盡翩翩紅塵
卻讀不透
你驀然回首的嬌嗔唇畔
徹夜
試著將你微揚的眉峰
烙印成山
烏緞的青絲

傾洩如水
而那朵淺淺漾出的笑意
則層層疊影在我日記中留白

如今翻來
剎時覺醒
我那年少的驚諤失態
祇是你諸多驕傲中的
一枚
小小裝飾

七十九．八．十五．初稿
八十二．二．二十三．定稿

女王石

把無盡的等待
悄悄焚成灰燼
讓黯然的流波
寸寸收入遙望的眼瞼
是
一種絕望後的不甘
　每一排浪花
拍打成我熟悉的呼喚
讓每一晌穹音
轉換　成你遊走的屐痕

在　這恆久的試煉中
我
和我的心　則
守望成一尊剝落的化石

八十三・八・十五・定稿

償

一丈一丈的西風
將想你的心
催成
一寸寸的相思
一滴一滴的清淚
把掌心的紅豆
染成
一捧捧的鵑血

如果西風將清淚拭乾
那麼　相思
是不是該把鵑血蒸餾成酒
飲入愁腸？

八十三．十．定稿

葉落

怎能　這般淡漠
怎能　如此地無慟於衷
在颯颯秋雨過後
你的眉梢
還祇是巍巍地高挑著
無視於
黎明前凜冽的寒意
及我那瑟瑟的顫抖

可不可以
在我離去之前
再一次深深的擁吻？
能不能夠
在我心碎以前
再一次纏綿的眷念？
或是
你已厭倦了我的叨唸
祇　一個輕輕的彈指　說
罷！

八十三・十・定稿

卷三　感在大千

「佇立
宛如一鶴
以無爭的昂首
靜迎風來雲過的起伏・・・」

吊鐘花

正值輕風掠過，
花間叮噹，
響碎幾聲寂寞，
難不成，得
以零落的音符
由銹痕斑剝的心弦上
嘎嘎撥出
來和？
明朝醉醒
莫忘了那草尖上

寒了一夜的硫璃夢
凍住鐘聲無數

七十．十．五．初稿
七十．十．二十一．定稿

紫薇已息

高擎著嶙峋黑瘦的乾爪
看喲！
我要以萎縮了的
枯皺了的
裂開了口的
果實
奉獻大地！

那曾經浪漫在夕陽眉底的蓬花裙
茂密推擠的穠綠

和促使蜂湧跌醉的蜜呀
確已隨清場的風掃
而瑟瑟抖落
不再鬧熱（那不是我的錯）
誰會計算風兒回轉的時辰？
葉梢拎著露珠的晶瑩？
管那些飛散的花粉
是否仍如昨日星散的迷惑
蜂足已不復重蹈前者的踏痕
我們總還是炙熱過
鮮活過
看
這把不加潤飾的
我的果

是多麼忠於寫實

這一宿哇，三百六十個天
我曾向春光索取
開滿一樹的花
碧透滿枝的葉
結下褐色可數的實
今向秋風奉獻
在幕落收場的時節
舞台或許殘舊
掌聲也許無言
仍當深深地彎腰謝幕
端莊地
自滿是裂隙的扶梯而下

細嚼回味擁有的一度
伴我遠行蹣跚的腳步

七十一．三．十五

秋

驚聞
蘆葦的歌
自　塔後冷僻的角落
傳來
隨著梵唱
此起
彼落
天際
有西風路過

這唱白了青絲的心顫
怎也按捺不住
便　點點染向
遠方

七十一．八．二十七．初稿
七十一．十一．十二．定稿

蘭

可望而不可及的
悠雅
自將長葉舞成一種姿態
引人低迴
若以方程式的分解
來剖析一朵春天的綻放
終是太過感傷

年少將不可理喻的奔放
灌注於根莖與心脈成

挺拔
終以
一種不是嗅感的
王者香來
惑我

七十一．十二．四．初稿
七十二．一．十．定稿

木葉蝶

棲戀枝頭
如一枚褐葉之挺立
就以這與生俱有的
來理直氣壯
來歸屬爲同類的自然
將葉化蝶
以蝶擬葉
並以類植物的移植
從這一樹到
那一樹

七十二．四．二十．初稿
七十二．七．定稿

以一種不是嗅感的王者香來惑我……

成長

連鳳凰花的燒炙
都不再能溫暖冰凍的胸懷
而深思
也成爲一種空白的無奈
那麼
還有什麼可稱之爲永恆的？
是一些注入而漸融合於本質的？
是一抹刻入記憶而無須翻尋的？
還是一生原本不該渡的因緣？
無所謂歸之不變　或

淡然的？

緣此
何須分割新生與舊體
一樣的煎熬
一樣的冰封
應是
一樣的默然

七十三．七．十五

痕

我欲擷鬢邊的髮絲
贈你
在感人的色澤內
有著太多星光的漂洗
也許它來的早些
早得可以在鬱鬱黑髮間眩耀。
任性從不需言語
只由它執著地由青化雪
飽飲星月的囈語
修渡未了的無眠。

我那鬢邊擷下的
擷下的不是歲月的流雲
而是一些
該忘的老故事。

七十二．十．八．初稿
七十三．七．十三．定稿

春遊

踏春歸去
緩鼓斑剝的磷翅
不管拂眉珠雨
依依醉尋舊處
猶記
柳絮翻飛的浪漫
朵朵花香
共舞出千條相思路
（我是追蜜的蝶啊！）
而光波攝目的朝陽

飛旋　何止如輪
迸灑出燒炙的金芒
（我是暈眩的蝶．．．．）
東風以翩翩倜儻搗擾
總錘鍊著千古情傷
胸中汩淌的那彎溪水潺潺
流面如鑽
浮貼著舊識的側影重重
春既深
翅亦僵
今　一旋踵
弗再是年少的一圈圈弧
不戀踏歌踩青的律動
此際歸路濕且寒

然
我殘翼兒已烙上
一枚枚春過的光燦

七十一．四．二十八．初稿
七十三．八．十四．　定稿

秋吟

羽扇哪
已可試著捐藏
這秋
涼　已逼上了衣襟
說不得寒
祇是肩頭一陣輕輕抖落
抖落蘆花翩翩
飛起　與銀漢爭輝

七十三．十二．三十．定稿

楓景

我將拾得的楓葉
編入微冷的記憶
它渲染一份褪色的感傷
強調著秋雨的心事

而這一路去
多少張落葉　層層被落
在凹凹凸凸的紅鋼磚上
怎分得誰惹染了誰？
也許

也許還有不少的寂寥被拋落
重重地壓覆在
一地殘破的掌印上

七十三．十．十五．初稿
七十三．十二．十八．定稿

無題

我將春天摺疊
成
一方小小的記憶
當陰霾籠上整個方寸
而我那
我那珍藏於深處的
便如花傘般撑張
罩我一襲忒意的溫暖

七十四．七．三十．定稿

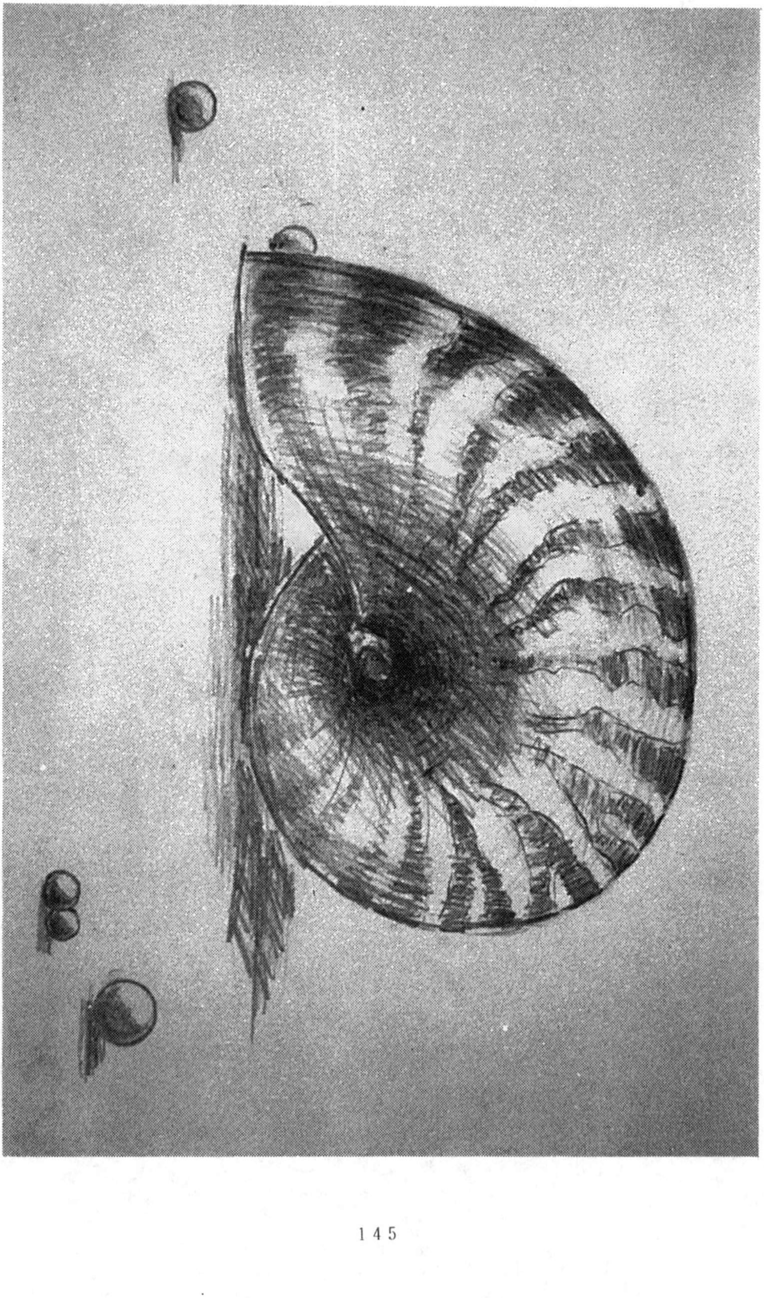

收集那來自大海的呼喚……

耳環

彩石叮噹
墜古銅雕花裡的浪漫
成　吉普賽的吟唱
暮色
是疊奏的流浪者之歌
在晚霞焚日的鍛鍊裡
鍾成薄薄的鄉愁
而髮　就
游成濃鬱蒼茫的森林
深深

枕入睡夢的鄉國
不再迷指星雲流逝的方向
啊
且攏環佩於此憩息
憩息項間暖暖的體溫中
何處琤琮的吉他傳來
彈落林外燃燒的黃昏
和那
冷冷　冷冷地啊
無由來的寂岑

七十五．二．十五定稿

許願

年過三十
以後皆是一枝燭的秘密
曾驚悸
一歲接一歲的流失
數讀
一歲接一歲的悵惘
許願 是
把羅馬噴泉的神話
燃亮在瑩瑩燭光裡

只是　我還該許些什麼好呢？
所有錯過的不會再來
所有飛逝的又豈能回轉？
唯將驚諤或沉默包容
於此
静待一歲歲施施而來
不再追悔
不再索求
祇問無愧

七十五・四・三十・定稿

籬邊菊

並非所有的春花皆
燦然似趕集
總有一些
早到或遲退的
逕自綻放歡愉的笑靨
於疏落間
至於
晚來了的那些
那些純屬西風裡最末一色粉黛
淨在有意無意地

揪拎起
心口上最薄的那層
善感的外衣
將蕭颯灌入

七十五．十．三十．定稿

蘆葦

總在烈日餘暉的夏末
驚駭著歸人們的眼神

總是
伸長細瘦的頸項
頂著一澎一澎地哲思　來
高眺西風

總是
賽雪勝霜地

比那一山更一山的招展
等著拂掃
心鏡上不了的塵埃

七十五．九．九．初稿
七十五．十二．二二定稿

野雛菊組曲

它

就讓它率性的生長吧
率性的索求並率性的
彎成　枝枝黃燦似金的顏色
（如貴妃醉酒時的搁態）
與微冷的太陽呼應
在暮色與晨霧中
你乃意氣賁發的少年

我

就讓自己美麗一些吧
美成心底最愛的那幅風景
沁著淒清的浪漫
及些許忒意揮霍的灑脫
過了今朝
我不知是否仍能憶起
青春曾經光亮過

我們

就讓我們恆久此刻吧
懷抱你 以我憐惜的姿態
不再在意明日
是否有西風路過？
我乃你永遠的相思 和
世世輪迴的眷念

七十五．十二．二十二．定稿

後記：每年秋冬近郊路旁總盛開金黃的野雛菊，每愛前剪花成束攜回觀賞，故以記之。

芒草

如
三尺
出鞘的鍊劍　凌舞
一把把交錯地搶著
揮斬
剛出爐的西風

七十五・九・二十四・定稿

旋

由於無法躺成
一隻隨遇而安的貓
如鄰舍窗櫺的那隻　禪意三分
亦無
直亮如雷射般的睛瞳
遊刃俗世
一如排列光譜之三稜鏡　條理分明
我的四肢
遂頻頻活動由朝至暮
正如大腦之認定

勤能補拙

曾發奇想
看花看雲看草
或以片刻空隙
借貓一對哲學醉眼看吾
及吾終日的自轉與週轉
然這分割下的零碎　亦
十分寶貴
可繕寫一篇公文
或刷亮一隻湯鍋
或答解一則植樹問題
或拾撿沙發下的一些玩具
（雖然一會兒後依舊零亂）

由於無法躺成
一隻能席地而臥的貓
我實知曉
前世必爲獨腳陀螺
轆轆至今

七十五・四・八初稿
七十六・一・十定稿

隨遇而安的貓們……

茶的故事

茶
半盅
冷冷漬讀著宿醉的唇印
昨夜
壺底沸騰過千秋故事
把盞間
嗔痴和淚吞下，
嗆罷幾多鬢白少年
今朝啜飲
祇覺些微苦澀

且寒寒空入愁腸
驀然憶起
那甘醇
已循夜談的足程遠去
鄉音老去
故事淡去

七十四．八．六初稿
七十六．三．定稿

再生

每趟轉世
總不禁手趴足蹬地掙扎
每次輪迴
仍參不透欣榮凋落的矛盾
然
春風斜雨頻頻催喚
悸動的感覺自腳心癢起時
那些寒過一秋一冬的嗟嘆
怎就輕捨舊痕
隨健忘徐徐老去？

且把所有前世的悲歡離合
化成春泥
我　乃枯枝殘枒上的
第一著新綠

七十六．二．十四．初稿
七十六．三．　　定稿

正直

深深端坐
執著於此款恣態
觀天
皎然日月以
轟然聲勢直洩
落點子——午
遂
無顧於鼠洞之迂迴
狡兔窟之多戶
我

乃固守一圓青天之
井底蛙

七十七．七．三十．定稿

儷人行

以
蹄聲滴得的疏落
牽我漸行漸遠的凝眸一行
軺車轆轆
輾入氤氳煙花
轍沒那江南青青柳色

嘗記
千巡酒令
催熱盅盅醇醪

絲竹簧音
砌壘歌台舞榭
而弦月啊
竟偏如此
　如此漠然踏過
無視杯盞迸濺的鶯啼九轉
及那
青石板上拓疊的悲歡彳亍
蹄聲杳杳
念念長安春暮
長安夢裡
可曾有我？

七十六．八．六．初稿
七十七．四．二十二．定稿

春訊

青燕低翔
滑亮藍空一片
忒將呢喃拾撿
揉入低調微冷的樂章

青燕低翔
劃過草坡湖畔
且將一冬冰封的水鏡
磨成方方挽留身影的回盼

青燕低翔
剪裁春光不懈
巧將霏雨寒夢調理
孕化漫天眩麗長虹

七十八．四．定稿

陶鑄春秋

猝不防那震天戰鼓
自赤壁的裂皴中
頻頻逼近
萬斛珠花兜頭灑將
撞滿瞳驚濤駭浪
擒它不住

曾經
東風十里較英雄
爲山水留名

如今
漫天祭起飛雪
無由指引征人行蹤
休管它
潮起汐落
淘盡多少往事無由記
驀回首
只一腔江湖
霸甕中

註：七十七年冬觀賞王仁志畫展，欣賞「千堆雪」陶藝系列有感誌之。

三月木棉

足足忍徹一冬心事
守得那乍暖還寒時分
青青似焰
就以情不自禁的驚顫
抖落一身霜衣

不須詔告天下
無需徵詢可否
僅憑朝陽星點的觸媒
遂將千萬盞心燈

綿綿燃起
遠傳近遞
炙熱晴空三月的水藍
抹亮低調徘徊的流雲

莫恨三月焚盡所愛
年年歲歲相思苦
有誰能了然？

七十九．十．定稿

琥珀

疼極你晶瑩的呈現
是寸寸光陰的流渡
在山中無歲月的寧静下
將一方歷史凝凍
凝凍翩翩來去的松風幾回
積沉落花三兩數
間或啾啁的蟲唧鳥鳴
疊和著日月光華的陰陽脈動
從不曾痴想

輕塵飛颺如寄
　駐足於澄黃世界
留連璀燦
猛虎的精魄中
竟可以紀錄種種溫柔

合掌摩挲著千載風情
盈握的一棒松香
把玩著我
層層驚嘆的迷惑

八十·一·十五　定稿

阿公店溪之晨

你必然知曉
我絕非尋霧而來
然而
當履痕
無知地拓上寧靜的堤岸
我　即飲下三月
那淡淡薰風的微醉
跌入你巧設的溫柔之中
掀不盡層層紗障

我絕非尋霧而來
然而　你
以油彩暈眩的山光霞色
水墨渲染的微波疊影
頻頻捉放我這雙
驚豔的瞳眸
是山在水中洗蕩？
亦或
水氣在山中流浪？
把長睫徐徐閉起
我確非尋霧而來
春色盈掬
波光流金

是大千營造一襲意念？
或亙古濃縮一枚瞬間？
在紅塵萬象的謎題中
我弗再輕拭明鏡心台

八十．三．初稿
八十．七．定稿

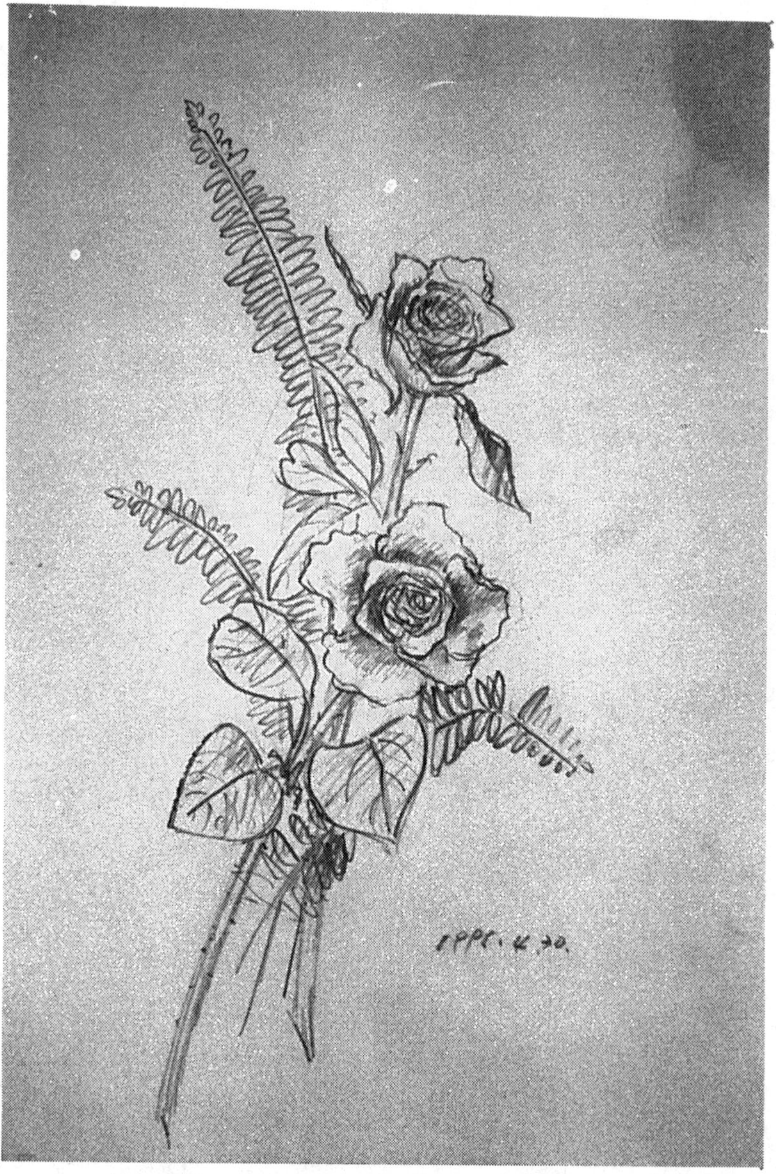

水吟

水波
在天花板上盪漾
光與影
在正午時分起舞
輕風搖曳
推波助瀾
依岸垂柳的纖情
扣向慵惓的湖心
這場景

是大千？還是小千？
一幕幕地
在我眼前變幻
點醒我塵封的冷漠

八十一．七．定稿

註：我的辦公室外，有一水池，每至正午，水光倒影反射於天花板上，造成一幕奇幻的光景，特以詩誌之。

問情

不再是那年的松風
不復是當年的私語
每每
隨著那粼粼波光
尋覓舊時船履
水痕總回笑我的痴傻
問山間氤氳
問谷底幽嵐
可知我春夢遊蹤
一聲聲

卻聽迴音裊繞
去去歸去
返璞歸真

八十一.一.定稿

鳳吟

星子
在池水的氤氳裡蘇醒
夜色
自林木的縫隙中　淡去
流光在黎明前
彳亍徘徊
迷霧在寂岑中
遊離無蹤
驀然

一場春夢初醒的悸動
在紅塵中驚起
而玉指竟
可以纖纖地拈成
一記鳳鳴
直衝七斗
直落黃泉
將眾生
啊！芸芸眾生的瞳眸
凝聚在
撼人心神的拈花中

我的心情是雨的故鄉

款擺著
江南那三月溼溼的雨姿
搖曳著
邊陲那女子纖纖的腰支
春色在銀絲的撫愛下青綠
你的欣喜
在萬斛珠花的捧接中
迸裂綻放
雨啊！
是這樣柔情地下著嗎？

用一啄啄的輕吻
熨慰大地的飢渴
雨啊！
恁是如此糾纏地滴著吧？
將一根根清弦
擲入深潭的想思
三月啊
我的心情
是雨的故鄉
淅淅瀝瀝的一路映著　那
山野的身姿

八十一．五．二十六　初稿
八十一．十．二　定稿
後記：觀賞大陸舞蹈家楊麗萍小姐
舞碼「雨絲」有感誌之。

點睛石

以墨分五彩的絢麗
勾勒漢唐的繽紛
回眸
不再是後宮新寵的專利
嘗以入時的筆法
將柳眉斜飛入鬢
而花黃啊
則是有意無意地浮貼著
妝點那十四五歲的容顏
巧笑盼兮
水袖輕拂

舞出一闋新曲
可以飛天
可以行雲
可以
償
夢

八十二・九・二三・定稿

後記：南部七縣市文友於八十一年二月十五應高雄市政府之邀，參觀南化水庫之興建工程，回程中，書畫家王仁志先生將所拾上似古裝女子舞姿之石割愛轉贈，特以誌之。

無惑

佇立
宛如一鶴
以無爭的昂首
静迎風來雲過的起伏
紅塵嘗以悲歡爲註腳
容顏仍以瞬變爲驚嘆
而心哪
則以深深的恬然自得
爲大千

八十一．九．五　定稿

逢

三仙台的
和　雨花台的
采石　在我手中相遇
一枚　傾吐東水潮汐
一枚則陳述金陵舊事
寒喧的聲浪
卻把我掌心催熱

八十一．十一．十七．華副

怯

西風把
故鄉的景色
掃成一片片岑寂的灰藍
在黃土
偶而飛揚過後
便稍稍染上些許蒼茫

我的心情
是天際飛雁成行
把一節節椎心的詩句

繫上圓夢的翅膀

八十二．一．九．青年日報

讀詩

並非不愛 但
讀詩常是我揪心的
一種昏眩
一場晨鐘暮鼓的驚嘆
字字句句
專挑那敏感方寸
致命一擊
然後 再
飄飄渺渺
窒息籠下

闔上扉頁擁詩入懷
往往
一聲來自心海的輕嘆
被釋出

八十二．五．十五定稿

靈感

不學那天邊飄忽的雲朵
我只是
奔波於大千的偶然
興起時把春光的彩帶舉舞
頑皮時將秋風的裙裾翻揚
曾經
嘗以清荷的香瓣盛淚
更或
把那玉壺的清心冰澈寒透

我不是
飄忽無蹤的雲影
我只是
幻影萬千　卻不忍說出的
心情

八十二．五．十五定稿

六月

想著會酸
念著會疼的時節
開始　將
離情搓揉得心慌意亂
開始　把
蓊蒬穠綠的鳳凰木
搧點起朵朵青春紅豔
初時嫌慢
臨了怨急的時分

開始，驗收一段歲月的捶鍊
開始，火浴一場出爐的祭獻
開始，展現一付飛揚的氣勢
開始，題解一套
新的成長方程式

六月，蟬聲疊疊
宜昂首
宜高歌
宜將鵬翼鴻爪
烙印夢國疆土

八十二．八．十五．定稿

漁唱

就乘著水波的起伏
而符合節拍吧
看遊龍般的船歌
飛灑水面
濺起回音點點
在萬頃碧波中
我們從不厭倦　拼裝
自己的容顏
一如游魚
不停地捕捉

波光折射的身影
在最最溫柔的款擺中
我們探索著水神的呼吸
而扁舟啊
卻再再堅持　以
一脈水花翻唱
那亙古即有的歌聲

八十二．十一．三十．定稿

西風

他說
他曾來過
微服出巡地
拂過樹梢攬過花
倚過窗櫺穿過堂
而這些
樹不知花不知窗不知連我
竟也不知
如今，他再來過

掃花捲葉
拍窗叩門
硬把乾澀的吻痕
拓印在我不設防的肌膚上
說
他來過

八十二.十一.三十定稿

毛風鈴木

絕非阿勃勒
亦非黃槐
在數度光豔攝魄的邂逅後
驚魂未甫的心悸
令我臣服你的璀燦
好些個春來
細細琢磨那些可能的符號
然而
一個未曾謀面的名字
說

經不起楊柳風
承不起杏花雨的
一番溫存後
便叮噹墜地的你
叫
毛風鈴木

八十三．二　定稿

附：台南市林森路兩側，每年二．三月間，便被黃色花海擁抱，特以誌之。

鳳凰花開

難不成
非經那梅子雨一顧
蟄伏的鳳凰
才開始昂首整妝嗎？

春天剛走
蟬聲只不過
輕輕劃下一道口子
那枝頭蓓蕾
便相競站上最前線

悶著
矜持著少女待字閨中的焦慮
而遲遲不語的開場白啊
再再煎熬著豆蔻般的春心

然
一經
這久候而至的梅子雨啊
全城鳳凰　竟
在一宿之間
爆開了五月首度的滿堂采！

八十三·八·十五·定稿

花約

爲赴小徑
　那一場花蔭之約
我的雙足
不再邁向柏油大道
讓十丈八尺的泥濘
將步履沾惹得彳亍牽掛
只緣
春泥有花香凝凍
草尖有落英停駐

綠的
只管遮天蔽地的鮮翠
而紅的
總不息止繽紛璀璨地燃燒

爲了一場
青氈滿繡詩句的邀約
我的雙足
輕輕踏花而過

八十三．九．定稿

木棉心事

無言地
俯瞰路人去來
默默地
忍受寒風煎熬
把所有的筋骨脈絡
坦然鋪陳不留一葉
沉默並非無奈
祇是內省的趺坐
令我在陰霾的天候中
學習收斂等待

當第一線尖兵
傳回春將遠遊的訊息
我即擦亮
盞盞橙紅的天燈
爲它餞行

八十三・三・定稿

風之歌

風　在編歌的樹梢
風　在唱歌的葉裡
以一種低迴游離的行走
收集著縫隙間變調的和弦

在木麻黃的髮絲間梳洗出一絡絡長嘆
在菩提葉的悟道中搖晃出千萬張博浪鼓
當松針被挑逗起一聲聲口哨
芭蕉則殷勤招喚著一扇扇的叫賣

當那些高高低低的音符
長長短短的節奏
在風的心裡掀翻堆攪
誰　能在眾芸中
還我一聲清唱

八十三．十一．定稿

後記

終於，還是出詩集了

第一句想說的是：「話，不能說得太早。」

怎說呢？寫詩一直是我情感抒發所寄，有感覺就提筆，興之所致，有時一天得詩句十來行，但往往則是十來天不得一句。我，不是努力用功那一型的人。緣於此，從不曾想過將發表的詩，結集出版，甚至在獲頒「優秀詩人獎」的那年，也不曾有過意念。所以當有人向我提起：「什麼時候出詩集啊？」而回答總是：「我祇是因爲想寫而寫，不準備出詩集的。」

如今，可要食言而肥了。

先父在讀軍校前，曾在家鄉的私塾裡授課年餘，他喜愛傳統文學。所以童年時背誦「三字經」，「幼學瓊林」，「唐詩三百首」等，是我比其他玩伴們多出來的「家庭作業」，當玩伴們在屋外嘻笑玩鬧時，我卻必須待在家裡背誦「長恨歌」，老實說，當時的心裡，真是埋怨不已。然而此時，我卻要說：「爸爸，謝謝您，讓我早早接觸了中國優美的文學—詩詞。」那些幼年時背誦過的字句，滋潤了我成長的歲月，使我的精神領域，享有一片細緻而開擴的天空，可以飛天，可以償夢。

民國七十年，經由文曉村老師的指導，我在「葡萄詩刊」發表了第一首詩作「戀歌」，之後的十數年間，文老師和另一位亦師亦友即「秋水」詩刊的主編—涂靜怡小姐，不斷給予我鼓勵和督促，使得我這個懶惰的園丁，不致荒廢了詩的園地，轉眼之間，竟已進入第十五個年頭了，然而，不出詩集的念頭，竟然在參加民國八十三年在台北舉辦的世界詩人大會時，有了改變。詩人台客的一句話：「詩薇姐，出本詩集吧！把以往的詩作結集出版後，自己可以重新再出發啊！」是啊！自從得了「優秀詩人」獎後，作品銳減，自己也說不出爲什麼？同時，在大會中，見到許多詩人代表在會場中，贈送自己精心創作的結晶—詩集，與同好們分享心路歷程，而我呢？我開始想擁有一本屬於自己的詩集了！

我，動心了！

對於不出詩集的話，我，只有食言而肥了！

這本集子，收錄了我九十九首作品，有一些因爲不合於這本集子的主題所以沒有放進來，但，無妨，我寫作歷程的展現，「情結」問世是我對以往的創作歷程，給自己留一個紀念，好讓自己有一個全新的再出發。

在這本詩集問世之際，我要感謝許多幫忙和鼓勵我的人。首先，我要感謝文曉村老師，是他引領我進入詩的王國，謝謝劉菲先生，謝輝煌先生在我創作的路程上給予指導。當然，還有「葡萄園詩社」的主編金筑先生，晶晶大姊，宋后穎小姐，台客先生等同仁們所給予的關心及鼓勵。更要謝謝涂靜怡小姐，十幾年來不曾放棄我這個懶惰的人，時時「鞭策」著我，希望出這本詩集，不致使他們失望。還要謝謝我的老朋友曾正平先生，鄧玲玲小姐，他們爲我的詩稿打字，編排，耗費了不少精力與時間。謝謝麥穗先生在百忙之中，抽空爲我寫評論。謝謝古富廷先生，他爲我的書名題字。並以傳統書法的方式，表現我的詩作「琴，結」（曾在世界詩人書畫展中展出），也謝謝高準先生，熱心地指導我出書要點，還要感謝劉玦才先生爲我的畫作攝影。當然，還要感謝我的先生給予我精神上的支持，以及，我心愛的女兒—若梅，謝謝你爲媽媽整理詩稿，並提出一些編排的建議，更重要的是—你總適時地給予媽媽掌聲。

最後，還要向爲此詩集作序的文曉村老師，及在百忙之中撥冗寫評論的麥穗先生，在病中尚在調養的晶晶大姐，致最誠摯的謝意，謝謝您們。

想像凝結的美

——談詩薇詩中的意象——

麥穗

詩薇的詩，最大的特點是意象特別豐富。覃子豪先生曾說：「詩的本質，既基於詩人的想像，使想像凝固而給讀者以美感的印象，便是意象。」詩之所以與其他文學作品不同，是因爲詩本身在文字的運用上特別精煉，而且詩和其他文類比，詩多了一個「曲」，所謂「曲」袁枚在《隨園詩話》中舉孔子的「詞欲巧」和孟子的「智譬則巧」，並釋云：「巧即曲之謂也。」袁枚在最後的結論是：「作人貴直，而作詩文貴曲。」這裡的曲，就是詩創作中避免直述的一種技巧，也是一種藝術。而意象的營造，是達到這個境界的手段之一。

意象如果在一首詩中，能造成視覺上的震撼，發揮吸引力，這首詩必然是好詩。詩薇的許多詩中，都有這種現象呈現。如「送別」詩中的「曾喧鬧於記憶裡的花色／已在案頭的孤獨下褪盡／早知如此（已然如此）／我又何苦將你的下弦／塗描成我的滿月」，這些詩句中就包括了象徵，比喻，暗示等技巧，造成繁豐而鮮活的意象。又如「秋」中的第一節：「驚聞／蘆葦的歌／自塔後冷僻的角落／傳來／隨著梵唱／此起／彼落。」詩薇將「蘆葦的歌」，「塔後冷僻的角落」和「梵唱」三個各個獨立的意象串連起來，一開始就將讀者引進入料峭的秋境裡。這是成功的運用意象，表現出詩的藝術性。

如果豐盈的意象，再加上高遠的意境，這應該是具備了好詩的條件了。詩薇有一首「藝廊驚艷」，就是用一個個意象，架疊出一個深遠的意境，這首詩是這樣寫的：

臨千山
涉萬水
讀盡翩翩紅塵
卻讀不透
你驀然回首的嬌嗔唇眸

徹夜
試著將你微揚的眉峰
烙印成山
烏緞的青絲

傾洩如水
而那朵淺淺漾起的笑意
則層層疊影在我日記中留白

如今翻來
剎時覺醒
我那年少的驚誇失態
祇是你諸多驕傲中的
一枚
小小裝飾

這首詩是描述一個少年時在藝廊遇見一位漂亮女郎，回來後將感受寫在日記中。若干年後再翻閱這段日記的故事。詩的本身就有極美的過程，詩藏在第一節中從「臨千山／涉萬水」二個意象出發，然後溶入讀盡紅塵讀不透驀然回首的嬌嗔。造成第一個意境。然後在第二節中，將印象中的「微揚的眉峰」和「烏緞的青絲」，深合第一節中的「山」和「水」，加上「那朵淺淺漾起的笑意」和「層層疊影在我日記中留白」二個意象，延伸出第二個意境。最後，詩薇用「我那年少的驚諤失態／祇是你諸多驕傲中的／一枚／小小裝飾」來串連前二個意境，使之成爲一個故事結構完整，意象生動，意境完美的好詩。

一九九五・四・七・晚新店近雲樓

（選自《葡萄園》詩刊一二六期）

一顆溫柔的心

—讀詩薇的「情結」中之「戀歌」「旋」二首有感—

晶晶

女詩人詩薇，有著一顆細緻而溫柔的心，從她每一首詩都有初稿，定稿，我們看出，她對詩的「慎」與「敬」。更因她擅長水彩畫，鍾情中國結，表現在詩中的色彩與意境，就格外優美與調和，同時，更把那份古典情懷，也編織進她的詩篇中。

她的詩集「情結」共分三輯：念在親思，愛在纏綣，感在大千，她都以溫柔細緻而含蓄的手法處理，這也可以說是她個人的獨特風格。

「愛在纏綣」的第一首，就是「戀歌」，她就唱得與眾不同：

……

雖然你的歌，不盡然是我的調

且將你的低音

升高些 把我的

高音降低點

又有何妨？

……

表現出謙虛，體諒與包容的婚姻觀，這是當今社會難得的可貴情操。

已婚的女詩人，沒有不兼任家庭主婦的，她的「旋」一詩中，透露了她生活的寫照：

……

前世必爲獨腳陀螺

轆轆至今

儘管她終日轉個不停，而家庭瑣事又佔據了她大片的時間，但她仍能巧妙地善用那些被分割下的零碎時間：

……

可繕寫一篇公文
或刷亮一隻湯鍋
或解答一則植樹問題
或拾檢沙發下的一些玩具
（雖然一會兒後依舊零亂）

她以三分禪意及一雙哲眼，來觀察她的生活空間，並能以客觀，旁觀的心態對生活加以詮釋與安排，不是一般常人能夠辦到的，這一點，也可以說是詩人個人特有的氣質。

出詩集，對每一位詩人來說，是一種誘惑。詩人寫詩，不管是有爲而作或無爲而作，俱都是心路歷程中的點點滴滴，不論發表與否，多多少少總會保留起來，暫時不出，卻並非不集，待纍集到了一定的篇章之後，自有一種包裝與保存的衝動，於是精選成集而出之。說是紀念也好，說是成就也罷，自已欣賞或餽贈親友，這一系列的舉動，都是極自然而順理成章的事。站在詩友的立場，除了樂觀其成的心情之外，更有先睹爲快的欣喜。

創作的路是艱辛而漫長的，但四週都有長相扶持的手和彼此鼓勵的聲音，唯願恆持一顆溫柔細緻的心在詩的溫馨路上，同步前行。

寫於一九九五．五．十八日病中

（選自《葡萄園》詩刊一二六期）